Dieses Buch gehört:

WO IST FUCHSI?

Alexander Heil

Impressum:

© / Copyright: 2019 Alexander Heil,
Zimmerstrasse 7c, 12207 Berlin
www.wo-ist-fuchsi.de

Satz/Layout: M. Florian Walz, mfw-design.com
Illustrationen: Christine Gebreyes
Lektorat: Natalie Tornai

ISBN: 978-3-96443-437-1
Bestellung und Vertrieb: Nova MD GmbH, Vachendorf

Druck: Bookress.eu, gedruckt in Polen

FÜR JULIAN ZUM
10. GEBURTSTAG

INHALT

HIER IST UNSER REVIER

Kapitel 1

„Steht auf, wenn ihr Füchse seid", schallt es durch die Lautsprecher. Der Hallensprecher des Handballvereines Füchse Berlin schreit so laut er kann. Alles kann man drei Mal hören. „Füchse, Füchse, Füchse". Im Fuchsbau, so heißt die Halle der Füchse Berlin, ist es jetzt lauter als auf einem Rummel. Julian hält es nicht mehr auf seinem Sitzplatz.

Im Fuchsbau kennt er sich bestens aus. Ganz oben im Rang hat man den besten Blick auf das gesamte Spielfeld. Leider aber schauen die Spieler von da oben aus wie kleine Spielfiguren, weil man sehr weit weg sitzt. Will Julian richtig nah bei den Spielern sein, setzt er sich hinter eines der Tore. Julian schaut besonders gern zu, wenn die Spieler zum Sprungwurf ansetzen. Zum Glück sind hinter den Toren Netze gespannt, denn nicht alle Würfe landen im *Kasten*, wie das Tor unter Handballspielern heißt. Bis zu 150 km/h schnell werden dabei die Bälle, die das Netz aushalten muss. Das ist in etwas so schnell wie Julian's Eltern auf der Autobahn Auto fahren. Oder besser gesagt seine Mama. Papa sitzt meistens auf dem Beifahrersitz.

Julians Lieblingsplatz ist auf der Gegengerade, im Unterrang, Block L. Hier kann er das ganze Spielfeld inklusive *beider* Tore überblicken *und* ist nah dran. So wie heute. Das Licht in der Halle geht aus. Es ist still. Einzig die Siegerflaggen der Füchse Berlin wehen an der Decke hin und her. Deutscher Pokalsieger 2014, Super Globe Sieger 2015 & 2016 sowie EHF Pokalsieger 2015 und 2018. Ziemlich beeindruckend. Einmal so einen Pokal gewinnen, das wäre etwas, denkt sich Julian.

Die Einlaufshow beginnt. Musik ertönt und Rauch verteilt sich über das Spielfeld. In einer Spielfeldecke erhebt sich ein riesiger aufblasbarer Fuchs. Seine Augen leuchten blutrot. „Hier ist unser Revier", tönt es aus den Lautsprechern. Nach und nach kommen die Spieler aus dem Maul des Fuchses auf das Spielfeld gelaufen. Meistens turnt dabei das Maskottchen Fuchsi umher. Fuchsi ist nicht nur ein Maskottchen, er ist ein Teil der Mannschaft. Seine Aufgabe ist es, die Zuschauer und Spieler anzufeuern und für die richtige Stimmung im Fuchsbau zu sorgen. Dafür hat er sogar eine eigene Trikotnummer. Die Nummer Acht. Das Kostüm ist ein lebensgroßer Fuchs mit langen Ohren, einer großen Fuchsschnauze, einem weichen Fell und einem Fuchsschwanz. Unter dem Fuchsikostüm steckt natürlich ein Mensch. Irgendwann möchte Julian auch mal darin stecken. Dafür muss er 18 Jahre sein und sich in einem strengen Auswahltest gegen viele Mitbewerber durchsetzen. Bis dahin ist aber noch etwas Zeit und so macht Julian bei jedem Besuch im Fuchsbau ein Foto mit Fuchsi. Man könnte sagen, die beiden sind Freunde. Doch heute ist von Fuchsi weit und breit nichts zu sehen.

Hans Lindberg mit der Trikotnummer 18 ist auf Rechtsaußen – wie immer – schnell unterwegs. Hans ist nicht der größte Handballspieler, dafür aber einer der schnellsten und erfahrensten. Er spielt seit mehr als 15 Jahren Profihandball. Kaum hat er den Ball, täuscht er eine seitliche Bewegung an. Der Gegner fällt drauf rein und Hans hat freie Bahn. Mit Routine zieht er an den Kreis und überwindet den Torhüter mit einem schönen Wurf ins lange Eck. Tor. „Der Hans, der Hans, der Hans, der kanns", schallt es durch die Lautsprecher und alle Zuschauer rufen seinen Namen.

Mit zwei Toren Vorsprung geht es für die Füchse in die Pause. Danach läuft es jedoch nicht so gut. Die Füchse spielen drei, vier Querpässe, dann eine Täuschung für einen Wurf aus der zweiten Reihe, kurzer Blick, Pass an den Kreis, Torwurf …

Z I S C H ,

rechts am Außenpfosten vorbei. Ungefähr ein Meter. Der Angriff ist gut gespielt, nur der Torwurf nicht präzise genug. Julian kennt das, es passiert ihm auch manchmal, wenn er sich nicht konzentriert.

Schon läuft ein Konter und der Gegner taucht mit zwei Pässen vor dem Tor der Füchse auf. Julians Lieblingsspieler Fabian Wiede, auch genannt Fabi Wiede, ahnt den Spielzug und rennt schnell an den eigenen Kreis zurück. Fabi spielt seit 2009 bei den Füchsen. Mit einer geübten Bewegung greift er an den Oberarm des Gegners und unterbindet so den entscheidenden Pass an den Kreis. Gut gemacht, denkt sich Julian. Doch der Schiedsrichter pfeift und entscheidet auf gefährliches Spiel. Obendrauf bekommt Fabi noch eine gelbe Karte. Der schaut zuerst verwundert zu den Schiedsrichtern und dann zu seinem Trainer. Das ist keine gelbe Karte. Seine Hand war eindeutig am Arm und nicht am Hals. Doch die Schiedsrichter haben sich entschieden.

Und was die Schiedsrichter entscheiden, gilt. Fabi ist bekannt dafür, fair zu spielen. Er ärgert mächtig sich über diese unberechtigte Verwarnung. „Unfair!“ Julian schreit so laut er kann, aber der Schiri hört nicht auf ihn, wie immer. Julian mag es gar nicht, wenn es ungerecht zugeht. Kürzlich hat er selbst eine unberechtigte gelbe Karte im Verbandsspiel bekommen und weiß, wie man sich da fühlt.

Eine Minute vor dem Spielende steht es 22:21 für die Füchse. Im Angriff geht ein Spieler der Füchse zu Boden. Foul. Der Gegner hat am Trikot gezogen. Zum Glück hat sich keiner verletzt. Der Schiedsrichter verteilt eine Zwei-Minuten Strafe und der Gegenspieler darf für 2 Minuten das Spielfeld verlassen. Sofort ruft der Hallensprecher: „Ene, mene, muh“. Die Zuschauer inklusive Julian wissen, was zu tun ist und antworten, so laut sie können: „Und raus bist du“. So wird der Spieler vom Spielfeld geleitet. Julian schaut zufrieden. Strafe muss sein, am Trikot ziehen ist schließlich nicht erlaubt. Das hat Julian im Handballtraining schnell gelernt und schaut auf sein eigenes Original-Füchse-Trikot. Papa hat es ihm letzte Saison gekauft. Es ist noch ein wenig groß, aber so kann er es länger tragen. Keine schlechte Idee, obwohl er nicht glaubt, dass es Absicht war. Papa ist nicht wirklich ein Experte, was Anziehsachen angeht. Auf jeden Fall ist Julian sehr stolz auf das Trikot. Sein Name ist in großen Buchstaben draufgedruckt. *J U L I A N.*

Zu gern würde er jetzt auf das Spielfeld runterlaufen und den 7-Meter für die Füchse werfen. Das bisschen Magensausen hält er bestimmt aus, wenn ihn mehr als 9.000 Zuschauer anfeuern. Doch Hans Lindberg steht samt Ball schon am

7-Meter Punkt. Na gut, dann wirft eben Hans. Der kann das auch richtig gut, denkt sich Julian und erinnert sich an das letzte Pokalspiel. Die gesamten 60 Minuten Spielzeit waren schon abgelaufen, als die Füchse noch einen allerletzten 7-Meter zugesprochen bekommen. Es steht 29:30. Die Füchse liegen mit einem Tor hinten. Geht der Ball rein, gibts Verlängerung. Was macht Hans? Der hämmert den Ball nicht etwa in eine der Ecken. Nein, er wirft einen coolen Heber über den Torwart hinweg. So was muss man sich erst mal trauen. Coole Socke, der Hans. Mit Nerven aus Stahl. Beim nächsten Training hat Julian gleich ein paar Heber versucht. Doch so einfach, wie es aussieht, ist das gar nicht. Wie hat der Hans das nur gemacht? Ob er heute wieder einen Heber versucht? Da ertönt der Pfiff zur Ausführung. Kurze Verzögerung, der Wurf geht nach oben links. In Sekundenschnelle reißt der

Gästekeeper seinen rechten Arm hoch. Hätte Hans mal doch einen Heber probiert.

KLATSCH

Statt im Tor zu landen, prallt der Ball am Ellenbogen des Gästekeepers ab. Heute ist irgendwie kein guter Tag. Auch die Stimmung ist nicht wie sonst, als ob irgendetwas fehlt.

„Steht auf, wenn ihr Füchse seid", dröhnt es wieder aus den Lautsprechern. Klar. Julian ist ein Fuchs. Er steht auf. Noch sind 30 Sekunden zu spielen. Der Ball wird von der Gästemannschaft hin und her gespielt. „Die wollen jetzt die Zeit runterspielen und dann mit dem letzten Angriff den Ausgleich erzielen", klärt Julian seinen Papa auf. Diese Taktik hat er schon oft gesehen. Dann aber hebt der Schiedsrichter den Arm. Passives Spiel. Jetzt sind noch genau sechs Pässe bis zum

Torwurf erlaubt. 6 - 5 - 4 - 3 - 2 - 1 - Torwurf. Nein. Ausgleich. 22:22. Julian rauft sich die Haare. Aus der zweiten Reihe geht ein Ball direkt oben links ins Toreck. „Der ist unhaltbar", brummt er und verteidigt Heinevetter, den Torwart. Der ärgert sich mächtig und macht ein Gesicht als ob er jemanden erschrecken will. Heinevetter ist superehrgeizig und will jeden Ball halten. Den hier hätte er fast gehabt. Aber eben nur fast. Mit den Fingerspitzen berührt er den Ball, doch der ist zu hart geworfen und landet im Netz. Die Uhr steht bei 29:48. Noch sind genau 12 Sekunden zu spielen. Da ertönt die Sirene und der Füchse-Trainer legt die grüne Karte auf den Schiedsrichtertisch. Das heißt 60 Sekunden Teamauszeit. Die Füchse-Spieler besprechen den allerletzten und entscheidenden Spielzug. Alle sind sich einig: Ein Unentschieden im Fuchsbau ist wenig.

Los geht's. Der Gegner verteidigt aggressiv und lässt die Füchse nicht in Wurfposition kommen. Die Uhr tickt. Der Ball kommt zu Hans Lindberg nach rechts außen, doch dort geht es nicht weiter. Schneller Pass zurück in die Mitte zu Fabi Wiede. Noch 6 Sekunden. Julian schaut gespannt auf das Spielfeld. Nochmal geht der Ball nach rechts außen. STOP. Das ist nur angetäuscht. Stattdessen geht Fabi Wiede links am Abwehrspieler vorbei, springt vor dem Kreis ab und wirft.

Z I S C H

Im Fuchsbau ist es mäusestill. Der Ball fliegt wie in Zeitlupe am gegnerischen Torwart vorbei und landet unten rechts im Tor. In dem Moment ertönt die Sirene und das Spiel ist aus. Gewonnen. In letzter Sekunde. 23:22. Julian jubelt von seinem Platz aus, fast so, als hätte er den entscheidenden Wurf selbst ausgeführt. Was für ein Spiel.

Auf dem Nach-Hause-Weg springt Julian wie ein Flummi auf und ab. Das Spiel war spannend, aber irgendetwas war heute anders als sonst. Julian weiß es nicht genau. Zum Glück haben die Füchse gewonnen. „Papi, hast du gesehen, wie Fabi Wiede das letzte Tor geworfen hat? Antäuschen und dann links vorbeigehen. Peng. Schau mal!" Julian macht die Bewegung mit einem ausgedachten Ball nach. „Fabi ist mein Lieblingsspieler, weißt du warum?", sagt er stolz, ganz so, als ob die beiden beste Freunde wären. „Weil er auch so gern Eis isst wie du?"

„Haha, kann sein, aber das meine ich nicht. Wir wollen beide, dass es fair zugeht. Wenn er eine gelbe Karte bekommt, obwohl er gar nicht gefoult hat, regt er sich genauso auf wie ich."

„Ach, ist das so?"

„Klar, das geht gar nicht. Also, wenn man foult und dann eine gelbe Karte bekommt, dann ist es ok. Aber sonst – das geht gar nicht!“ Als sie an der Straßenbahnhaltestelle ankommen, erinnert sich Julian, dass er Fuchsi heute gar nicht gesehen hat. Komisch, der turnt eigentlich bei jedem Heimspiel in der Halle rum.

COOLE OMA

Kapitel 2

„Hier, hier. Pass. Pass“, Julian ruft, so laut er kann. Es ist Dienstag und das ist für ihn der schönste Tag in der Woche. Heute ist Handballtraining beim BFC Preußen. 17 Uhr geht es los. 90 Minuten rennen, dribbeln & springen. Es gibt kaum etwas schöneres für Julian. Außer Eis essen vielleicht.

Mit den Fingerspitzen erreicht er gerade noch den Pass von Julius und umläuft geschickt Hendrik und Kay in der gegnerischen Abwehr. Dreimal dribbeln, zwei Schritte und ein Sprungwurf vom

Kreis. Der Ball schlägt unten rechts direkt neben dem Pfosten ein. Tor. Keine Chance für den Torwart.

UMPF,

macht es einen Sekundenbruchteil später und Julian landet direkt auf seinen Knien. Mal wieder. Zum Glück hat er Knieschoner um. Er bemerkt nicht, wie Papa auf der Tribüne erschrocken das Gesicht verzieht. Wie jeden Dienstag holt er ihn vom Training ab und schaut etwas zu.

„Schau mal, Julian. Oma hat dir wieder einen Zeitungsartikel von dem Füchse-Spiel mitgebracht", sagt Papa später am Abend. Julian krallt sich den Zeitungsartikel und rennt in sein Zimmer im ersten Stock. Nach dem Handballtraining braucht er meistens ein bisschen Zeit für sich. Das Letzte, wozu er jetzt Lust hat, ist eine Unterhaltung mit Mama oder Papa. Nach dem Handballtraining wollen die beiden meistens genau wissen, was trainiert wurde. Völlig *uncool*. Omas Zeitungsartikel dagegen sind *cool*. Immer über Sport. Mal was zu den Füchsen, mal was zur Hertha oder manchmal sogar was zur Tour de France, aber nur wenn sein Opa die Zeitung in die Hände bekommt. Der war nämlich früher Radrennfahrer und hat schon oft versucht Julian vom Radrennsport zu überzeugen. Jedoch vergeblich.

Zum Lesen ist er heute schlichtweg zu müde und so schaut er sich nur die Fotos an. Ein Bild zeigt Fabi Wiede, wie er das Siegtor erzielt. Julian erinnert sich gut an die Szene. Passiert nicht so oft, dass man in der letzten Sekunde gewinnt. Auf dem zweiten Bild sind jubelnde Zuschauer abgebildet. Mittendrin steht Fuchsi und lächelt in die Kamera. Das dritte Bild zeigt die Gästemannschaft, wie sie mit hängenden Köpfen das Spielfeld verlässt. Ein wenig tun sie ihm schon leid. Julian ist sehr ehrgeizig. Würde er in der letzten Sekunde ein Spiel verlieren, wäre er mächtig sauer. Selbst ein großes Eis würde dann nicht helfen.

Spät abends liegt Julian K.O. in seinem Bett. Das Training heute war sehr anstrengend. Zum Glück tut sein Knie nicht weh. Er weiß genau, dass Papa nicht begeistert ist, wenn er nach einem Sprungwurf auf den Knien landet. Als Kind musste Julians Papa einen ganzen Sommer lang mit einem Gipsbein rumlaufen. Daher passt er besonders gut auf Julians Knie auf. Julian nervt diese Überfürsorge manchmal. Andererseits will er sich gar nicht erst vorstellen, einen ganzen Sommer ohne Sport auszukommen. Ein ganzer

SPORT
FÜCHSE BERLIN
HEIMSIEG!
In letzter Sekunde!

Sommer sind mindestens 20 Mal Handballtraining oder 10 Mal Tennistraining. Schon eine einzige Woche ohne Sport verschlechtert seine Laune derart, dass er sich am liebsten in seinem Zimmer verkriecht und niemanden sehen möchte.

Papa hat sich heute jedoch umsonst Sorgen gemacht. Dem Knie geht es gut. Plötzlich schießt Julian wie eine Rakete aus dem Bett. *Fuchsi.*

ADLERAUGE JULIAN

Kapitel 3

Julian hüpft in einem Affenzahn aus seinem Hochbett, schnappt sich Omas Zeitungsartikel und spurtet ins Wohnzimmer. Beinah purzelt er dabei die Holztreppe im Haus herunter. „Papa, Papa, schau mal!“, ruft er laut. Völlig aufgelöst steht er im Wohnzimmer und wedelt mit dem Zeitungsartikel. „Ja, das ist der Artikel vom Spiel“, sagt Papa. „Aber Julian, es ist schon spät.“ „Nein, nein, nein!“, protestiert Julian so laut er kann. „Doch, doch, doch“ antwortet sein Papa wie aus der Pistole geschossen und kann sich dabei ein

Lächeln nicht verkneifen. „Es ist wirklich spät."

„Nein", Julian verdreht seine Augen und atmet tief durch, „dass meine ich nicht! Papa, erinnerst du dich an Fuchsi?"

„Na, klar. In deinem Zimmer hängen alle eure Fotos." Julian lässt nicht locker: „Ja, nein, ich meine beim Spiel am Sonntag. Hast du da Fuchsi gesehen?"

„Ja klar, Fuchsi ist immer da.", antwortet sein Papa ohne groß nachzudenken. Julian schaut ihn ungläubig an. „Am Sonntag? Ich –", Julian holt etwas Luft und noch mehr Mut, um weiterzureden, „ich hab Fuchsi am Sonntag nicht gesehen. Nicht ein einziges Mal!"

Es ist halb zehn abends, doch Julian ist kein bisschen müde. Also lässt sich Papa widerwillig auf die Frage ein. „Also, Fuchsi turnt immer bei der Einlaufshow auf dem Spielfeld herum."

„Genau“, freut sich Julian, da er Papa endlich zum Überlegen gebracht hat. „Und, hast du da Fuchsi gesehen?“, fragt er nochmal mit Schmackes. „Also, Fuchsi war …“ Papa kommt ins Grübeln, „Fuchsi war … nicht da.“ Es ist ihm gar nicht aufgefallen, doch von Fuchsi war am Donnerstag tatsächlich weder bei der Einlaufshow noch während des Spieles etwas zu sehen. Julian grinst, als ob gerade fünf Kugeln Eis mit Sahne vor ihm stehen. „Und wieso ist dann Fuchsi auf dem Foto hier zu sehen?“ Papa studiert ungläubig den Zeitungsartikel und schaut sich die Fotos an. Es dauert eine gefühlte Ewigkeit, bis er antwortet. „Adlerauge Julian, du hast recht. Das ist Fuchsi auf dem Foto. Bestimmt gibt es dafür eine ganz einfache Erklärung. Und gleich morgen früh fangen wir damit an. Jetzt aber geht es erstmal ins Bett.“ Widerwillig trottet Julian hoch in sein Zimmer. Vielleicht träumt er ja von Fuchsi.

Als Julian im Bett ist, nimmt sich Papa nochmal den Zeitungsartikel zur Hand und schüttelt nachdenklich den Kopf. Julian hat recht. Das ist Fuchsi auf dem Bild. Komisch. Haben sie Fuchsi vielleicht übersehen? Oder war Fuchsi wirklich nicht da?

MIT PIPPI LESEN LERNEN

Kapitel 4

Julian ist ein Langschläfer. So wie sein Papa. Bis mittags im Bett bleiben ist nichts Ungewöhnliches für die beiden. Natürlich nur am Wochenende. Heute ist Samstag, aber Julian ist kein bisschen müde. Nein, er ist aufgeregt und munter wie ein Delfin vor der Fütterung. Schon um halb neun sitzt er mit seiner Familie beim Frühstück. „Papa, was machen wir nun als Erstes wegen Fuchsi?" Papa gießt sich seelenruhig einen Kaffee in seine Tasse und legt ein breites Grinsen auf. „Also, als Erstes ... trinke ich meinen Kaffee."

Julian schaut Papa böse an. Er mag diese Erwachsenenscherze überhaupt nicht. „In der Zwischenzeit kannst du den Artikel ja laut vorlesen. Vielleicht steht da was zu Fuchsi." Seitdem Julian in der 4. Klasse Pippi Langstrumpf liest, macht ihm das Lesen Spaß. Nicht, dass er ein Einser-Schüler ist. Nein. Eher so in der Mitte der Skala. Daher muss er zu Hause auch ein wenig mehr üben. Und tatsächlich. Nach einigen Wochen des Extra-Übens verbesserten sich seine Noten. So richtig konnte er sich das nicht erklären, aber wer sagt schon *NEIN* zu besseren Noten?

Kürzlich sollte er über 30 Seiten als Hausaufgabe an einem Tag lesen. 30 Seiten. An einem einzigen Tag. Pippi liest er gern, aber 30 Seiten an einem Tag? Keine Chance. Für alle, die grad kein Pippi-Buch zur Hand haben: 30 Seiten Pippi-Lesen dauert in etwas so lang wie ein Handballspiel. Aber natürlich nicht die 60 Minuten, die ein Spiel auf dem Papier dauert. Nein. Mit all den Unterbrechungen, Auszeiten und der Halbzeitpause dauert ein Handballspiel gut und gerne das doppelte, also rund zwei volle Stunden. Manchmal sogar noch länger.

Julian nimmt sich den Zeitungsartikel und fängt an die Überschrift laut zu lesen. Doch er hat nicht an das Nutellabrötchen in seinem Mund gedacht.

„HEIMS…"

Weiter kommt er nicht. Im hohen Bogen fliegen die Brötchenteile über den Frühstückstisch. Haarscharf an seinen Geschwistern Benjamin und Tessa vorbei. „Fantastiko", ruft Benjamin und lacht laut auf. Das ist lustig. Wer hat schon mal ein fliegendes Nutellabrötchen gesehen? Am Tisch lachen jetzt alle, auch Mama und Papa.

Eigentlich wird mit Essen in seiner Familie nicht gespielt, aber es sieht einfach zu lustig aus. Julian verspeist den Rest des Brötchens ohne weitere Flugversuche und fängt laut zu lesen an. „Heimsieg in letzter Sekunde. Ein Spielbericht von Sportreporter Tom Beyer." Jeder Satz kommt ihm vertraut vor.

Da ist die Rede von zwei Teams, die gleich gut spielen, von gehaltenen 7-Metern, dem Ausgleich kurz vor Ende und natürlich dem Siegtor. Sogar Fabi Wiede kommt zu Wort. „Mann, da steht nicht ein einziges Wort zu Fuchsi. Das hilft uns nicht weiter." Julian schaut grimmig zu Papa. Der weiß, dass Julian oft zu schnell aufgibt. „Denk mal nach, was würde Pippi jetzt machen?" Was hat Pippi denn jetzt mit den Füchsen zu tun? Das frühe Aufstehen bringt Papa anscheinend ganz durcheinander. „Papa, der Artikel hilft uns nicht.

Und Pippi kann uns auch nicht helfen. Sie hat den Artikel doch nicht geschrieben."

„Stimmt, wer hat ihn denn geschrieben?" Julian mag es gar nicht, wenn ihm Papa solche Fragen stellt. Das erinnert ihn an die Schule. Doch wenige Augenblicke später lächelt er, ganz so als ob er gerade eine Eistüte in der Hand hält. „Da steht es doch - schwarz auf weiß."

JAGD AUF DAS FOTO

Kapitel 5

Julian krallt sich das iPad. Den Code kennt er auswendig, da er ab und zu ein Hörspiel hört. Doch das grüne Spotify-Logo interessiert ihn jetzt nicht. „Papa, ich suche die Telefonnummer von Tom Beyer. Hilfst du mir?“ Mit seinen zehn Jahren darf Julian nicht allein ins Internet. „Wer ist denn Tom Beyer?“, fragt Papa, obwohl er ganz genau weiß, wer das ist. „Papa, Papa, na der Reporter! Der Name steht doch im Artikel.“

„Stimmt, den Namen hast du ja laut und deutlich vorgelesen“, ärgert ihn Papa ein weiteres Mal, doch Julian ignoriert es einfach. „Papa, eine Frage. Wieso schreiben Reporter eigentlich ihre Namen unter die Artikel?“

„Gute Frage. Ich habe keine Ahnung.“

„Ist doch komisch. Der Paketbote schreibt doch auch nicht seinen Namen auf das Paket, dass er austrägt.“ Papa schüttelt den Kopf. Auf was für Ideen Julian kommt. Aber lustig wäre es schon: An: Julian … ausgetragen von Paketbote Max. Zum Glück schreiben ja Reporter ihre Namen unter die Artikel.

Auf der Homepage der Zeitung finden sie, was sie suchen: „Mensch, Tom ist sogar Redaktionsleiter.“ Julian greift zum Hörer und wählt die Nummer.

K L I N G

tönt es aus dem Telefonhörer. Es klingelt fünf Mal,

bis jemand antwortet. Reporter sind anscheinend viel beschäftigt. „Beyer, Sportredaktion."

„Hallo? Ja, hier ist Julian, ich habe eine Frage zu dem Artikel über die Füchse." Kurzes Räuspern in der Leitung. „Ahh, ja klar. Der von letzter Woche. Na, dann, schieß mal los."

„Also, auf dem Foto ist Fuchsi abgebildet."

„Mmm, Fuchsi ja, der ist ja immer da, oder? Lass mich mal schauen. Ich habe den Artikel gleich hier. Moment ... Ja, auf einem Foto ist Fuchsi. Ist das deine Frage?"

„Nein, aber, naja, ich hab Fuchsi beim Spiel nicht gesehen. Weder beim Einlaufen noch beim Spiel. Wie kommt er dann auf das Foto?"

„Ha, du hast Fragen. Da muss ich erst mal überlegen. Das war doch das Spiel, das sie erst in der allerletzten Sekunde gewonnen haben, oder?"

„Ja, gewonnen in letzter Sekunde. Unten rechts ging der rein. War richtig cool."

„Na, du bist ja ein richtiger Handballfan. Ehrlich gesagt, achte ich nicht so viel auf das Maskottchen. Mehr auf die Spieler und den Trainer. Aber lass mich kurz auf die Fotos schauen, die ich gemacht habe."

Julian lächelt seinen Papa an. Das läuft ja besser als gedacht. „Verflixte Technik ... Nein ... Ja, den anderen Ordner ... jetzt aber. Genau ... Nanu ...

HÄH?

hören sie durch das Telefon. Dann herrscht Stille. Ein paar Minuten später meldet sich endlich Tom Beyer. „Entschuldigung, hat länger gedauert. Die Technik spinnt. Also, ich muss sagen, ich bin ratlos. Ich habe alle Fotos vom Spiel gefunden, nur kein Bild mit Fuchsi. Sehr komisch."

„Was? Das Fuchsi-Foto ist nicht da?" Julian schüttelt ungläubig den Kopf, was Tom natürlich

nicht sehen kann, da sie am Telefon sind. „Ihr könnt eventuell den Chefredakteur fragen. Der hat immer das letzte Wort, was gedruckt wird und was nicht. Vielleicht hat er eine Idee, wie das Foto in den Artikel gekommen ist. Von mir ist das Foto auf alle Fälle nicht.“ Julian starrt auf das Telefon. Mit dieser Antwort hat er nicht gerechnet.

„So, ich muss jetzt los ins Stadion zur Hertha. Als Sportreporter bin ich auch für Fußball zuständig. Seid ihr auch beim Spiel heute?“ Julians Augen schnellen zu Papa. „Warum nicht“, antwortet der geistesgegenwärtig. Julian grinst, ganz so, als würde er gerade Eistüte Nummer drei verspeisen. Eigentlich müsste er langsam Bauchweh von dem ganzen Eis bekommen. „Na, dann sehen wir uns heute Nachmittag. Kommt einfach in die Nähe des Pressebereichs. Ihr erkennt mich an meinem blauen Basecap. Mich interessiert brennend, was ihr herausfindet. Tschüüüüüss", sagt Tom Beyer und legt auf.

„Papa, das ist doch alles echt komisch. Und ich hab keine Ahnung, welchen Chefdings wir fragen sollen."

„Du meinst den Chefredakteur?"

„Mmm, denke schon. Papa, eine Frage: Was ist ein Chefredakteur?"

„Gute Frage. Pass auf: Eine Zeitung hat ganz viele Leute, die Artikel schreiben. Die nennt man Reporter."

„Ach so, das sind die, die ihren Namen unter den Artikel schreiben."

„Ja genau, und der Chef von allen Reportern ist der Chefredakteur." Julian überlegt. „So wie in der Schule. Die Klassenleiterin ist die Chefredak ..." Julian stockt „Chefredak...tööööööse?" Papa lacht laut los. „Fast, Julian, fast. Chefredakteurin, heißt das exakt. Ist wirklich ein schwieriges Wort.

Aber Getöse gibt es in deiner Schule bestimmt auch, da hast du völlig Recht." Julian weiß nicht, was Papa meint, aber er fragt lieber nicht nach. Papa sagt öfters mal komische Sachen. Papa halt. Ob es anderen Kindern auch so geht? „Der Chefredakteur entscheidet also am Ende, was in der Zeitung gedruckt wird", fasst Julian zusammen. „Ja, genau. So ist es. Lass uns einfach auf dem Weg zur Hertha in der Redaktion vorbeifahren und dort nachfragen", schlägt Papa vor.

Bei der Zeitung angekommen, erwischen die beiden den Chefredakteur gerade in der Mittagspause. Als Julian die Füchse Berlin erwähnt, lächelt er über das ganze Gesicht. Es stellt sich heraus, dass er ein großer Füchse-Fan ist und sogar beim letzten Spiel in der Halle war. Aber bei der Frage nach dem Foto und dem Artikel schaut er plötzlich gar nicht mehr so freundlich.

Im Gegenteil. Sein Gesicht verfinstert sich und er schaut Julian misstrauisch an. Dann brummt er etwas vor sich hin, dass sich so anhört, wie die vielen Ausdrücke, die in der Schule verboten sind. „Mmm, kannst du ein Geheimnis für dich bewahren?"
„Klar." Julian wird bei dem Gedanken flau in der Magengegend. Mit einem Geheimnis hat er nicht gerechnet. „Wir haben hier geschummelt."
„Geschummelt?" Julian ist empört. „Ja, erinnerst du dich an das Spiel?" Julian nickt. Klar erinnert er sich. Knapp gewonnen, aber die Stimmung war im Fuchsbau irgendwie anders, als sonst. „Genau, ich wollte ein Bild mit Fuchsi abdrucken, schließlich ist er ja genauso wichtig wie jeder einzelne Spieler", sagt der Chefredakteur, „nur leider hat mein liebster Reporter Tom diesmal kein Foto von Fuchsi gemacht."
„Ja und dann?", fragt Julian neugierig. „Naja", der

Chefredakteur flüstert, „dann haben wir, äh ich einfach ein Foto vom letzten Heimspiel genommen. Ich habe nie und nimmer gedacht, dass es jemanden auffällt."

„Ist es aber", sagt Julian in einer Mischung aus Trotz und Empörung. Der Chefredakteur hat also geschummelt. „Ja, das merk ich jetzt auch. Sag mal, wie bist du denn uns, äh mir denn auf die Schliche gekommen?"

„Ganz einfach, ich habe Fuchsi beim Spiel nicht gesehen. Dann kann er ja auch nicht auf dem Foto sein, oder?"

„Klingt logisch. Du solltest Reporter werden. Leute wie dich kann ich immer gebrauchen."

Julian strahlt über das ganze Gesicht. Bisher wollte er eigentlich Profihandballer werden, aber Reporter ist auch eine gute Idee. Zum Glück muss er sich noch nicht so bald entscheiden.

Später im Stadion erkennen sie Tom im Pressebereich an seinem blauen Basecap und winken ihm zu. Als er sie sieht, kommt er zu ihnen gerannt. Schnell erzählt Julian, was er herausgefunden hat. „Ich bin beeindruckt. Das erklärt natürlich, wie das Foto in die Zeitung gekommen ist." Julian grinst und schaut stolz seinen Papa an. „Der Chefdings war ganz schön baff, als wir ihn nach dem Foto gefragt haben."
„Das kann ich mir vorstellen. Normalerweise schummeln wir auch nicht." Tom ist selbst ein wenig überrascht. „Als Wiedergutmachung hat uns dein Chefdings zum nächsten Füchse-Spiel eingeladen. Da machen wir ein Foto mit Fuchsi, dass er dann in der Zeitung abdruckt."
„Wow, dann werde ich versuchen, auch beim Spiel zu sein. Jetzt muss ich aber mal. Euch viel Spaß beim Spiel."

Als sie sich auf ihre Plätze begeben, ruft ihnen Tom noch nach: „Aber wisst ihr…“ Julian dreht sich um. „Ich kann mich auch nicht daran erinnern, Fuchsi beim letzten Spiel gesehen zu haben.“ In dem Moment ertönt ein lauter

P F I F F

und das Spiel im Olympiastadion beginnt. Anstoß Hertha. Doch Julian's Gedanken drehen sich weiter um Fuchsi.

BOB WEISS BESCHEID

Kapitel 6

Ein paar Tage später sind Julian und Papa wieder auf dem Weg in den Fuchsbau. Der Chefredakteur hat sein Wort gehalten und zwei Eintrittskarten für das nächste Heimspiel per Post zugeschickt. Am Eingang des Fuchsbaus stehen zwei Sicherheitsleute und kontrollieren die beiden. „Hier geht nichts *rein* oder *raus*, ohne dass wir es kontrollieren", sagt die Sicherheitsfrau mit einem Lächeln und tastet Julian gründlich ab. Ganz schön streng hier, denkt sich Julian. Er weiß, dass man keine großen Taschen mit *hineinnehmen*

FUCHSBAU
HEUTE
FÜCHSE
BERLIN
Securi
Security

darf. Aber was darf man denn nicht mit *rausnehmen*? Auf die Schnelle fällt ihm nichts ein.

„Cool, da hab ich ja noch nie gesessen." Julian blickt auf seine Tickets. Block K, Reihe 3, Platz 10 und 11. Ohne Umwege läuft er auf den Block zu. Er kennt sich blendend aus im Fuchsbau. Block K ist ein Mittelblock, das heißt beste Sicht auf das ganze Spielfeld. Hier sitzen meistens nur die Sponsoren und VIPs. Und anscheinend auch Chefredakteure. Der sitzt schon auf seinem Platz und begrüßt sie herzlich. „Das sind ja Hammerplätze hier. Da sehe ich ja alles." Julian ist vor Begeisterung ganz aus dem Häuschen. „Ja, super, oder? Wir haben diese Plätze immer für die Zeitung reserviert. Normalerweise verlosen wir sie, aber heute dürft ihr sie nutzen. Viel Spaß!"

„Tom, hallo, Tom", ruft Julian laut, als er Tom am Spielfeldrand sieht. Der schaut sich kurz um und winkt Julian zu sich. „Schön, dass wir uns wiedersehen. Und, gewinnen wir heute?"

„Klaro. Die zwei Punkte bleiben hier." Da ertönt eine Lautsprecherdurchsage und unterbricht die beiden. „Liebe Freunde der Füchse Berlin, unser Maskottchen Fuchsi ist leider erkrankt und kann heute nicht auftreten. Bitte feuert uns auch ohne Fuchsi an!"

„Manno, wir wollten doch ein Foto machen!" Mit hängenden Schultern läuft Julian zu seinem Platz in Reihe 3. Am liebsten würde er jetzt allein sein. Er hatte sich so auf Fuchsi und das gemeinsame Foto gefreut. Wieso wird Fuchsi auch plötzlich krank? Selbst mit einer Rieseneistüte würde er sich jetzt nicht besser fühlen. Und das will was heißen.

In der Zwischenzeit sucht Tom den Manager der Füchse Berlin, Bob. Tom und Bob kennen sich gut. Seitdem Tom vor 3 Jahren angefangen hat, über die Füchse zu schreiben, haben sie sich angefreundet. Am Spielfeldrand sieht er ihn. „Hey Bob, altes Haus, ein Spiel ohne Fuchsi hab ich noch nie erlebt. Mensch, habt ihr denn keine Zweitbesetzung?“

„Hi Tom, ja, wenn es so einfach wäre“, murmelt Bob nach einigen Sekunden des Zögerns. „Du, zur Not steige ich in das Kostüm. Meine Breakdance-Bewegungen sind Weltklasse. Willste mal sehen?“ Tom grinst und deutet ein paar Bewegungen an. Doch die sehen eher so aus, als hätte er Rückenschmerzen. Bob winkt ab. „Also, das wollen wir den Zuschauern wirklich nicht antun. Die verlangen dann noch ihr Eintrittsgeld zurück“.

„Jetzt sag schon, Bob, was ist wirklich los mit

Fuchsi?“

„Also, Fuchsi ist nicht wirklich krank. Er ist schlicht nicht da.“

„Wie, nicht da?“ Tom ist verwirrt. Wie kann ein Maskottchen denn nicht da sein? Braucht es etwa Urlaub vom Handball und feuert jetzt die Hertha an? Tom findet die Idee lustig, doch Bob ist nicht zum Lachen zu Mute. „Also, Tom, das darf nicht in die Zeitung, ok?“

„Klar, Ehrensache.“ Dann flüstert Bob Tom die ganze Wahrheit ins Ohr und zeigt dabei auf die Kisten, die neben ihnen stehen. „Mensch, dann hat Julian also recht“, sprudelt es aus Tom heraus.

Bob schaut verdutzt. „Wer ist denn Julian?“

„Ähhh, mein neuer Kollege in der Sportredaktion. Jung, pfiffig und großer Füchse-Fan“, flunkert er. Bob lächelt. Füchse-Fans mag er natürlich besonders. „Also, wie gesagt, wir sind derzeit ratlos. Schau dir gern die Kisten jederzeit an. Sie stehen gleich hier. Darin verstauen wir normalerweise das Fuchsikostüm." Beim Gehen macht er nochmal

P S S T ,

und gibt Tom deutlich zu verstehen, dass davon nichts in der Zeitung stehen darf. Ehrensache, denkt sich Tom, aber Julian wird er es sagen. Er ist ja nun sein Kollege.

„Ich hab gedacht, du hast mich vergessen", flüstert Julian, als er Tom kommen sieht. „Nein, im Gegenteil. Ich habe Neuigkeiten zu Fuchsi." „Echt? Was ist denn mit Fuchsi?" Julian schaut gespannt zu Tom. Der zieht Julian zur Seite, so dass ihnen niemand zuhören kann und fängt an zu flüstern. „Fuchsi ist nicht Schrank." Julian schaut verwirrt. Was soll das denn bedeuten? Seine Schwester Tessa hatte sich kürzlich den

Spitznamen „Schrank“ für Paul Drux ausgedacht, weil man an ihm in der Abwehr nicht vorbeikommt. Aber das konnte Tom unmöglich wissen, schließlich kannte er Tessa gar nicht. Da wiederholt Tom nochmal seinen Satz und jetzt machte es auch Sinn. „Fuchsi ist nicht krank.“

„Ich habs gewusst.“ Julians Augen funkeln. „Wenn Fuchsi krank wäre, könnte ja jemand anderes einspringen, Vertretung wie in der Schule.“ Julian weiß das so genau, da in seiner Schule gerade viele Unterrichtsstunden vertreten werden. Wenn die Mathelehrerin krank ist, wird sie meistens durch den Sportlehrer vertreten. Das ist dann eine lustige Unterrichtsstunde. Tom nickt zustimmend. „Genau, an die Idee mit der Vertretung habe ich auch gedacht. Das Problem ist aber ein ganz anderes“.

EINE HEISSE SPUR

Kapitel 7

„Verschwunden? Das Fuchsikostüm? Seit zwei Wochen?“ Julian kann es nicht fassen. Doch Tom nickt. In dem Moment kullern ein paar Tränen Julians Gesicht herunter. Und es werden schnell mehr. „Heißt das, es gibt keinen Fuchsi mehr? Nie wieder?“ Tom hat nicht erwartet, dass Julian so an Fuchsi hängt. „Naja, zumindest in dieser Saison. Ein neues Fuchsikostüm bekommen wir so schnell nicht.“ Da fällt Julian ein, was sein Papa immer sagt. „Bei eBay gibt es nichts, was es nicht gibt.“ Damit meint Papa, dass es bei eBay alles gibt. Und in die Kategorie „Alles" fällt ja wohl auch ein Fuchsikostüm. Tom schmunzelt als Julian ihm von eBay erzählt. Bei eBay hat er schon viele Sachen gekauft, meistens zu einem richtig günstigen Preis. Geht auch immer ganz einfach. Ein oder zwei Klicks und die Artikel sind bezahlt. „Ich befürchte aber, Julian, da kann auch eBay nicht helfen, Julian. Das Fuchsikostüm ist eine Sonderanfertigung, das wird es auf eBay nicht geben." Julian lässt enttäuscht die Schultern hängen.

Mitten in seiner Enttäuschung kommt ihm ein bahnbrechender Gedanke. Dass er darauf nicht schon eher gekommen ist. „Warum suchen wir das Fuchsikostüm nicht?" Tom schaut überrascht und braucht ein paar Sekunden um zu genau verstehen, was Julian hier vorschlägt. Mit dieser Idee hat er nicht gerechnet. Aber das ist gar keine

schlechte Idee. Sein Chefredakteur ist immer noch sauer wegen der Sache mit dem fehlenden Fuchsi-Bild. Wenn er jetzt das Fuchsikostüm findet, kann er es wieder gutmachen. „Weißt du was, Julian? Ich ernenne dich hiermit zu meinen Junior-Reporter und wir machen uns gemeinsam auf die Suche nach dem Fuchsikostüm." Julian ist hellauf begeistert. „Darf ich dann auch meinen Namen unter den Artikel schreiben?"
„Na klar. Aber wir müssen zuerst herausfinden, was genau passiert ist." Julian's traurige Stimmung ist wie weggeflogen – und das ohne eine einzige Kugel Eis.

Gemeinsam gehen sie als Erstes in Richtung der Katakomben zu den Kisten, die Bob Tom gezeigt hat. Auf dem Weg dahin rennen sie fast den Chefredakteur um. Der kommt freudestrahlend die Treppe herunter und hält Julian eine

Riesenportion Pommes hin. „Hier, für dich. Du isst doch bestimmt gern Pommes, oder?" Goldgelb glänzen die Kartoffeln im hellen Licht der Scheinwerfer im Fuchsbau.

„Und du, Tom", seine Tonlage wird ernster, „steck doch mal jemanden in das Fuchsikostüm und mach ein Foto von Fuchsi. Der Typ ist zwar krank heute, aber das Kostüm wird ja wohl zu finden sein, oder?" Für einen kurzen Moment herrscht absolute Stille. Der Chefredakteur weiß ja nicht, dass das Fuchsikostüm verschwunden ist. „Ja Chef, ich versuchs", antwortet Tom. Julian will gerade bei den Pommes zugreifen, da zieht ihn Tom zur Seite weg. „Danke, später. Ich muss jetzt in die Takatomben …".
„Taka, was?". Doch zum Antworten hat Julian keine Zeit. Er meinte natürlich die Katakomben, aber in der Eile hat er die Buchstaben vertauscht.

„Mensch, wieso hast du deinem Chef denn nicht die Wahrheit gesagt?", fragt Julian aufgeregt, als sie endlich bei den Katakomben ankommen. „1. Reporterregel: *Nie alle Informationen preisgeben*", entgegnet ihm Tom mit einem Augenzwinkern. „Außerdem musste ich Bob versprechen, dass wir nichts dazu in der Zeitung schreiben. Zumindest noch nicht."

„Kriegst du denn nicht Ärger, wenn dein Chef das herausfindet?", fragt Julian neugierig. „Naja, wenn wir das Fuchsikostüm wiederfinden, wird der schon wieder zahm, keine Sorge." Julians Bauch gibt jetzt komische Signale, ganz so, als ob ihm diese Geheimniskrämerei nicht geheuer sei. Aber Tom hat ja gerade gesagt, man soll nicht alle Informationen preisgeben. Also behält er seine Bauchschmerzen erst mal für sich. Das eventuell das viele Eis die Magenschmerzen verursacht haben könnte, kommt Julian nicht in den Sinn.

Füchse
Berlin
TICKET

„Das müssen die Kisten sein, in denen das Fuchsikostüm aufbewahrt wird." Tom hebt das Absperrband hoch, damit Julian darunter durchschlüpfen kann. „Eins, zwei, drei." Julian stellt sich auf eine Kiste, um besser zählen zu können, „vier und fünf. Insgesamt fünf große silberne Kisten." Zwei Kisten davon sind übereinandergestapelt. „Lass uns reinschauen." Noch während Julian den Satz ausspricht, öffnet Tom schon die erste Kiste. „Hab ich mir gedacht, die Kiste ist leer." Julian hält sich an den zwei gestapelten Kisten fest. Plötzlich macht es

RUMPS

und die zwei Kisten kippen mit einem lauten Geräusch um. Zum Glück ist es in der Halle so laut, dass es keiner mitbekommt. Tom schaut warnend zu Julian und flüstert. *„2. Reporterregel: Mach keinen Lärm!"*

„Ach so, hab ich doch nicht gewusst", flüstert Julian. Julian hat meistens eine freche Antwort auf den Lippen. Das hat er von Papa. Tom lächelt und sie machen High Five. „Los, beeilen wir uns." Im Hintergrund kündigt der Hallensprecher die zweite Halbzeit an. „Du schaust in die beiden Kisten hier und ich nehme die zwei da drüben", gibt Tom das Tempo vor. „Leer."

„Meine auch."

„Hier ist auch nichts drin."

„Einen Moment, Tom, nö, hier ist auch nix." In keiner der Kisten findet sich ein Hinweis, der ihnen weiterhilft. „Naja, einen Versuch war es wert.", sagt Tom. Da sieht er eine Eintrittskarte auf dem Boden liegen. „Julian? 3. Reporterregel: *Keine Spuren hinterlassen.* Fast hättest du deine Eintrittskarte hier liegen lassen." Julian schaut verdutzt und greift in seine Jackentasche. Zu Toms Überraschung zieht er seine Eintrittskarte hervor.

„Ich hab meine hier", verteidigt er sich. „Hier: Block K, Reihe 3, Platz 10. Ist es vielleicht deine?" So leicht lässt er sich bestimmt nicht anschimpfen. Auch nicht von Tom. „Nee, ich hab ja eine Pressekarte." Tom zeigt auf eine Karte, die um seinen Hals hängt. „Hier, damit kann ich mich in der Halle überall frei bewegen." Julian schaut sich die Karte genau an. Tatsächlich. Da steht Toms Name und ein großes *P* für Presse. Wie cool ist das denn. „Aber von wem ist die Eintrittskarte dann?"

Beide schauen konzentriert auf die gefundene Eintrittskarte. „Häh, da steht ja der falsche Gegner drauf. Heute spielen wir doch gegen eine ganz andere Mannschaft", unterbricht Julian die Stille.
„Ich glaub, das ist nicht der falsche Gegner, Julian, sondern wir sind am falschen Tag."
„Wir sind was?" Julian kann sich nicht daran

erinnern, irgendwann in seinem Leben schon mal am falschen Tag irgendwo gewesen zu sein. Sekunden vergehen und Julian grübelt, was Tom damit meint. Dann lächelt er, ganz so, als bekommte er gerade Eistüte Nummer vier überreicht.

„LOL

Das ist keine Eintrittskarte von heute, sondern eine Karte vom letzten Heimspiel!“

„Yep, das Spiel, das sie mit einem Tor Vorsprung gewonnen haben“, fügt Tom hinzu. „Ich vermute, wer auch immer das Fuchsikostüm gestohlen hat, hat dabei seine Eintrittskarte verloren.“ Julians Augen glänzen vor Stolz. „Dann müssen wir jetzt nur den Inhaber der Karte finden und dann haben wir Fuchsi wieder“, freut sich Julian. „Nun, ob es so einfach geht, weiß ich nicht, Julian. Aber auf alle Fälle haben wir eine heiße Spur!“

EINE GANZ WICHTIGE ENTDECKUNG

Kapitel 8

Tom und Julian sitzen im Fuchsbau an einem Tisch im Presseraum. „Mann, ist das hell hier.“ Julian hält sich die Hand vor die Augen. „Deswegen sind wir hier. In den Katakomben ist es zu dunkel, um die Eintrittskarte genauer zu untersuchen.“ Nach ein paar Minuten haben sich ihre Augen an das helle Licht gewöhnt. Leise hören sie die Zuschauer applaudieren. Hier drinnen herrscht Ruhe und sie sind vollkommen allein. Kein Reporter und auch kein Zuschauer

FÜCHSE
BERLIN
DKB Handball Bundesliga
Füchse Berlin
VS.
Block K
Reihe: 3
Platz: 10

FÜCHSE
BERLIN
DKB Handball Bundesliga
Füchse Berlin
VS.
Block K
Reihe: 3
Platz: 10

weit und breit. Tom legt die Eintrittskarte auf den Tisch. „4. Reporterregel: *Untersuchen, untersuchen, untersuchen.*"

„Ok, dann suche ich mal unter", sagt Julian frech und starrt angestrengt auf die Eintrittskarte. Tom mag es, wenn Julian Scherze macht. Es erinnert ihn an sich selbst. Als Junge war er auch manchmal richtig frech. „Ich sehe nichts Besonderes. Eine ganz normale Eintrittskarte. Block K, Reihe 3, Platz 10.", stellt Julian nach ein paar Sekunden fest. „Ich sehe auch nichts Außergewöhnliches", stimmt Tom zu. „Außer, dass das ein super Sitzplatz im Mittelblock ist. Sag mal, wo sitzt du heute gleich nochmal?"

„Im Mittelblock", entgegnet Julian stolz. „Wohl direkt neben meinem Chefredakteur …"

„Glaub schon" antwortet Julian und grinst. Flink legt er seine Eintrittskarte auf den Tisch. „Block K, Reihe 3, Platz 10, wie gesagt ein super Platz."

Beide Eintrittskarten liegen nebeneinander auf dem Tisch. Sie sehen aus wie ganz normale Eintrittskarten. Nach einer Weile gehen Toms Augen hektisch von links nach rechts und wieder zurück. „Siehst du, was ich sehe, Julian?“ Auch Julians Augen springen von einer Eintrittskarte zu anderen. „Entweder sehe ich doppelt oder die beiden Eintrittskarten sind für den exakt gleichen Sitzplatz.“

„Julian. Du siehst nicht doppelt. Die Eintrittskarten sind tatsächlich für den gleichen Sitzplatz. Der Dieb vom Fuchsikostüm hat auf dem gleichen Platz gesessen wie du heute.“

Ein Reporterkollege von Tom steckt den Kopf in den Presseraum. „Die Jungs machen es mal wieder spannend, wollt ihr nicht raus zum Spiel?“ Tom schaut auf seine Uhr. „Mist, wir verpassen ja das ganze Spiel. Für heute haben wir genug rausgefunden, lass uns zurück zum Spiel gehen, dein Papa wartet sicher schon auf dich."

„Ihr kommt genau richtig." Julians Papa ist erleichtert, als Tom und Julian zurückkommen. Die beiden waren fast die gesamte 2. Halbzeit weg. Zu gern hätte er gewusst, was sie so getrieben haben. Den strengen Blick Richtung Tom sieht Julian nicht, aber Tom merkt sofort, dass sie das nächste Mal Bescheid sagen sollten. „Julian, wir haben schon mit 5 Toren geführt, aber jetzt irgendwie den Faden verloren."

„Papa, egal", sagt Julian trotzig „das schaffen wir schon. Und den Faden suchen wir nach dem Spiel." Papa lächelt und streichelt seinem Sohn über den Kopf. „Julian, ich hab dich lieb." Der Ärger über sein Verschwinden ist schon verflogen.

Spät am Abend sitzt Tom in der Redaktion und arbeitet an dem Artikel zum dem Füchse-Spiel.

Julian hat recht behalten. Die Füchse haben mit zwei Toren Vorsprung gewonnen.

RING, RING

klingelt das Telefon. „Hi Tom, Julian hier."

„Ahh, gut, ich dachte schon, mein Chefredakteur ruft wegen dem Fuchsi-Foto an, das ich heute machen sollte …"

„Nee, ich bins. Aber dein Chefdings hat mir heute einen wichtigen Hinweis gegeben."

„Mein Chefredakteur?" Tom ist überrascht. „Also, in der Regel ist der wenig hilfreich. Chef halt."

„Echt? Ich glaub, seinetwegen wissen wir, wie wir den Namen des Diebes rausfinden."

„Was? OK, schieß los!"

„Pass auf: Erstens: Der Dieb saß auf dem gleichen Platz wie ich." Tom nickt zustimmend. Beide Eintrittskarten waren für den gleichen Sitzplatz. „Zweitens: Exakt dieser Sitzplatz wird zu jedem

Spiel von deiner Zeitung verlost – das hat mir dein Chefdings erzählt." Tom nickt erneut und ergänzt pflichtbewusst „Chefredakteur, der heißt Chefredakteur". Für solche Kleinigkeiten hat Julian gerade überhaupt keine Zeit und ignoriert ihn einfach. „Drittens: ihr schickt die Eintrittskarten vorab an die Gewinner, so habt ihr das bei uns auch gemacht." Auch hier nickt Tom am Telefon. „Ja, ich denke das machen wir so."

„Gut, du hast drei Mal genickt.", stellt Julian fest. Tom kommt ein sich plötzlich wie bei einem Polizeiverhör vor, obwohl er - großes Ehrenwort - noch nie eines mitgemacht hat. Woher weiß Julian nur, das er drei Mal genickt hat? Sie sind ja am Telefon. Er kann ihn doch gar nicht sehen. Tom ist für einen kleinen Moment sprachlos. Aber vielleicht hat Julian einfach nur gut kombiniert, schließlich hat Tom bei keinem der drei Punkte widersprochen. Gut kombinieren, genau das machen gute Reporter. Tom lächelt.

„Gut, dann habt ihr den Namen und sogar die Adresse des Diebes in euren Unterlagen.“ unterbricht Julian die Stille. Er weiß sofort, dass Julian eine ganz wichtige Entdeckung gemacht hat.

„Julian, du bist dufte. Gleich morgen frage ich nach den Informationen und melde mich dann bei dir.“

„OK, Gute Nacht, Tom.“

BISSIGE FÜCHSE UND EIN UNFREUNDLICHER KAUZ

Kapitel 9

Am nächsten Tag kommt Tom extra früh in die Redaktion. Susi, seine Kollegin aus der Sportredaktion eilt herbei. „Cooler Artikel zu den Füchsen gestern, die starten wohl eine Siegesserie?"

„Naja, bei den Füchsen weiß man nie so richtig. Mal bissig wie ein Fuchs und dann wieder ..."

„Apropos bissig, ähm, du solltest vielleicht den Cheffe meiden." Cheffe ist die Abkürzung von

Chefredakteur und wird von jedem Reporter verstanden. „Nichts leichter als das", grinst Tom. Dem Cheffe geht er gern aus dem Weg. „Cheffe war gestern Abend richtig sauer, weil ein Foto von einem Fuchs fehlte und dein Telefon dauernd besetzt war." Tom erinnert sich. Das war die Zeit, als er mit Julian telefonierte. „Ich hab ihm angeboten, im Zoo anzurufen und ein Bild von einem Fuchs zu organisieren, aber da wurde er noch saurer."

"HAHAHA!"

Tom findet das lustig, doch als Susi ihn verstört anschaut, bekommt er ein schlechtes Gewissen. „Ich glaub, ich weiß, was passiert ist. Lass uns frühstücken gehen. Da erzähle ich dir die Details. Du wirst staunen. Glaube mir, ich wollte wirklich nicht, dass du Ärger bekommst."

Zehn Minuten später sitzen Susi und Tom bei Frau Lüske. Hier frühstückt Toms am liebsten. Es gibt das leckerste Frühstück der Welt. Wie immer herrscht Hochbetrieb, fast wie in einem Eisladen im August. Vor den beiden stehen vier dampfende Buttermilch-Pancakes mit Schokoladen-Butter, salzigem Karamell und Fruchtsoße. Daneben ein hausgemachtes Birchermüsli aus Vierkornflocken, Apfel, Joghurt und Früchten der Saison. Susi löffelt wie wild das Müsli. „Jetzt weiß ich auch, warum du hier Stammgast bist. Das ist ja megalecker!“ Tom ist erleichtert. Seine Idee, Susi mit einem Frühstück aufzuheitern, funktioniert prächtig. „Freut mich, dass es dir schmeckt.“ Tom macht sich über seine leckeren Pancakes her. Gerade, als er den ersten Löffel in den Mund steckt, schaut ihn Susi mit großen Augen an „So, jetzt rück raus mit der Sprache, was ist mit dem Foto?“

„Kennst du Fuchsi?“ Susi überlegt eine Weile, kann sich aber an niemanden mit dem Namen erinnern. „Nee, kenn ich nicht.“ Als Reporterin hat sie gelernt, immer nachzufragen. „Ist das ein Spieler bei den Füchsen Berlin?“

„Fast, es ist das Maskottchen.“

„Soso, ein Maskottchen namens Fuchsi.“ Während sie den Namen laut ausspricht, kommt ihr ein Gedanke. „Moment mal, Fuchsi – Fuchs. Der Cheffe hat doch gestern Abend nach einem Fuchs-Foto gefragt. Jetzt sag nicht, er hat damit ein Foto von dem Maskottchen gemeint?“ Entgeistert schaut sie Tom an und hofft, dass sie daneben liegt. „Ich befürchte, ja“. Hoffentlich reißt ihm Susi jetzt nicht den Kopf ab. Doch daran denkt Susi nicht. Noch nicht.

ÖHHH

nein, wie peinlich. Und ich habe vom Zoo

gesprochen." Susi rauft sich die Haare „Der Cheffe muss denken, ich bin total irre." Jetzt würde sie Tom tatsächlich gern den Kopf abreißen.

Da startet Tom einen Erklärungsversuch. „Ich sollte ja eigentlich ein Foto von Fuchsi beim Spiel machen."

„Und warum hast du das nicht gemacht? Ich hab mich total blamiert", unterbricht ihn Susi sofort. Dabei durchbohren Susis Augen Tom, als würde sie ihn in die Eiszeit versetzen wollen. Da erzählt ihr Tom die ganze Geschichte. Dass Fuchsi seit zwei Heimspielen nicht auftreten kann, weil das Kostüm verschwunden ist. Von der Begegnung mit Julian, mit dem all das angefangen hat, den leeren Kisten in den Katakomben im Fuchsbau, der gefundenen Eintrittskarte, die wahrscheinlich der Dieb verloren hat und dass diese Eintrittskarte von der Zeitung in einem Gewinnspiel verlost wurde. Vor allem aber, dass nichts davon in der Zeitung stehen darf. „Wow, das ist ja spannend wie bei Pinky!“ Detektiv Pinky ist ein Kinderbuch, das Susi als Kind oft gelesen hat. Darin löst ein Kind namens Pinky verschiedene Kriminalfälle. Das hier scheint eine typische Pinky-Geschichte zu sein. Aber Tom kennt Pinky nicht. „Keine Ahnung, wer Pinky ist, aber wir können jede Hilfe gebrauchen, falls du das meinst.“

Susi denkt nach. „Wenn wir die Eintrittskarte über ein Gewinnspiel verlost haben, können wir den Gewinner anrufen.“ Das hatte Tom auch schon überlegt, aber er wusste nicht, wie er an die Kontaktdaten kommen sollte. Den Cheffe zu fragen ist derzeit ja keine gute Idee. Susi löffelt die Reste ihres leckeren Müslis und setzt ein breites Grinsen auf. „Die Kontaktdaten sind ein Kinderspiel. Ich organisiere alle Gewinnspiele bei der Zeitung. Mmm, Lecker Müsli!" Tom starrt sie mit offenem Mund an. Das hat er nicht gewusst.

Wenig später sitzen Susi und Tom zusammen in der Redaktion und rufen den Kartengewinner an. „Wenn ich das richtig sehe, wissen wir nicht hundertprozentig, ob der Kartengewinner tatsächlich das Fuchsikostüm geklaut hat. Wir sollten also vorsichtig sein. Ich habe eine Idee." Tom nickt zustimmend. Kurz danach klingelt es in der Leitung. „Hallo, hier ist Susi von der Zeitung. Sie haben kürzlich eine Eintrittskarte zu einem Füchse-Spiel gewonnen und ..."
„Füchse-Spiel, ahh endlich. Sie rufen wegen meiner Eintrittskarte an? Haben Sie die gefunden?", unterbricht sie der Angerufene ungestüm. Susi starrt Tom an, doch der schüttelt nur mit dem Kopf „Eintrittskarte? Nein. Wir

möchten uns erkundigen, wie Ihnen das Spiel bei den Füchsen gefallen hat?"

„Also haben Sie meine Eintrittskarte nicht gefunden. Mist. Das Spiel, ja, das war wie immer super. Wenn Sie meine Eintrittskarte finden, melden Sie sich umgehend bei mir." Danach macht es nur noch

TUUUT.

„Was ist das denn für ein unfreundlicher Kauz." Susi ist kaum zu bremsen. Wenn sie eines nicht leiden kann, dann ist das Unfreundlichkeit. Und dieser Typ war sehr unfreundlich. „Ja, ein sehr unfreundlicher Typ und dazu verdächtig." Tom fragt sich, wieso der Typ so dringend die Eintrittskarte zurückhaben will. Julian und er hatten die Karte untersucht und nichts Verdächtiges gefunden. Haben sie etwa was Wichtiges übersehen?

DAS RÄTSEL DER EINTRITTSKARTE

Kapitel 10

Ein paar Tage später dirigiert Julian seine beiden 6-jährigen Geschwister durch den Park vor der Max-Schmeling-Halle. Hier kennt er sich aus. „Puuh, ist das weit", stöhnt Benjamin. Mit den kleinen Beinen läuft es sich nicht so schnell. Papa zeigt nach links zum Seiteneingang für Spieler und Presse. Julian schaut irritiert, warum sollen sie den zum Seiteneingang? Stimmt ja, heute sind sie nicht nur zum Zuschauen da. Nein, heute sind sie Einlaufkinder.

Als sie fast vor dem Eingang stehen, macht es laut

H U U U P

Julian dreht sich erschrocken um. Direkt hinter ihm stoppt ein Bus und hupt ihn an. Vor Aufregung hat er gar nicht bemerkt, dass er vor einem Bus herläuft. Das muss die Gästemannschaft sein. Der Busfahrer schaut ihn grimmig an und gibt ihm zu verstehen, das er zur Seite gehen soll. So schnell er kann, springt er zur Seite. Dabei rempelt fast einen großen Mann im Anzug an, der zielstrebig auf den Spielereingang zugeht. Zum Glück kann sich der Mann mit einer schnellen Seitwärtsbewegung in Sicherheit bringen. Was für eine Reaktion. Julian schaut auf, um sich zu entschuldigen. Doch dazu kommt es nicht, denn er bleibt wie angewurzelt stehen, als er erkennt, wen er da gerade angerempelt hat. „Julian, ich glaub, du hast fast Heinevetter umgerempelt," ruft ihm Papa zu, doch Julian kann ihn nicht hören. Er verharrt in einer *Heine-Schockstarre*.

Eine Viertelstunde später öffnet sich die Tür am Fuchsbau. Über dem Eingang steht in Großbuchstaben *PRESSE*, aber Einlaufkinder dürfen hier auch rein. Wenn das der Presseeingang ist, müsste hier auch Tom vorbeikommen, denkt Julian. Tatsächlich steht Tom wenige Minuten später am Eingang. Von den Kindern nimmt er keine Notiz. Die stehen zu jedem Heimspiel dort und warten aufgeregt darauf, dass sie abgeholt werden. Julian erkennt Tom sofort. „Tom, Tom!", ruft er und läuft zu ihm rüber. „Mensch, das ist ja ein Zufall. Was machst du denn hier?" Tom freut sich riesig, dass er Julian trifft. „Ich bin mit meiner Mannschaft heute Einlaufkind."

„Cool, dann sitzt du ja in der ersten Reihe. Perfekt. Gut, dass ich dich treffe. Sag mal, hast du die

Eintrittskarte noch, die wir gefunden haben?"
„Ja klar, die werfe ich doch nicht weg."
„Gut. Ich habe mit dem Gewinner der Eintrittskarte telefoniert und der Typ will sie unbedingt zurück." Tom greift sich an den Kopf, als mache das alles keinen Sinn. „Was? Warum das denn? Die ist doch nicht mehr gültig.", ergänzt Julian.
„Genau. Es ist irgendwie verdächtig und der Typ ist auch richtig schräg". Julian legt die Eintrittskarte auf den Tisch. „Mmm, ich sehe nichts Besonderes. Umdrehen", schlägt Tom vor. „Wirklich?", murmelt Julian widerwillig. „Jetzt mach schon", besteht Tom darauf. Julian dreht sich um und schaut nun seine Mannschaft an, die immer noch wartet. „Und was jetzt?", fragt er leicht genervt. „Nein, nicht du. Die Eintrittskarte, die wollen wir umdrehen." Beide lachen sich schlapp.

„Da steht was drauf", sagt Julian völlig überrascht. Die beiden schauen neugierig auf die Rückseite der Eintrittskarte. Dort erkennen sie ein einzelnes, ziemlich unleserliches Wort. Julian fängt an zu buchstabieren.

d - r - u - c - k

Was könnte das bedeuten? Soll etwas *gedruckt* werden? Oder sollen die Füchse beim Spiel *Druck* machen? Tom ist ein wenig ratlos und das passiert einem Reporter recht selten. „Warte mal, ich kenn mich mit unleserlicher Schrift aus. Du solltest die Schrift meines Papas sehen. Das kann man meistens auch nicht lesen." Julian hält die Eintrittskarte hoch und bewegt sie vor seinem Auge vor und zurück. Irgendwas passt nicht, wenn er nur wüsste, was. Die Schrift ist wirklich sehr unleserlich. „Ha, ich glaub ich habs. Das *ck* in druck ist kein *ck*. Das ist ein *x*. Schau. Tom schaut entgeistert auf die Buchstaben. Ein *d*, ein *r*, ein *u* und ein *x*. Es heißt nicht druck, sondern

d - r - u - x

wie in Paul *Drux*."

In dem Moment kommt eine junge Frau in einem grünen Füchse-Shirt zu den Einlaufkindern. „Hallo, euch kann ich ja zwei Etagen tiefer hören." Die Kinder verstummen schlagartig. „Wow, hier gibt's noch zwei Etagen drunter?", flüstert eines der Kinder erstaunt: „Erstmal herzlich willkommen bei den Füchsen Berlin. Schön, dass ihr da seid." Alle Kinder schauen erwartungsvoll zu der jungen Frau. „Wir laufen jetzt gleich an den Spielerumkleiden vorbei. Da müsst ihr bitte alle leise sein. Die Spieler bereiten sich gerade auf das Spiel vor." Ein kollektives „Ohh" ist zu hören. „Bitte bleibt zusammen. Im

Fuchsbau kann man sich leicht verlaufen. Es gibt über 25 Umkleidekabinen und insgesamt fast 500 Spinde."

Julian nimmt seine beiden Geschwister an die Hand. Zusammen geht es die Treppe runter, dann links durch die Tür, dann rechts, dann wieder rechts, noch eine Tür, gerade aus, dann links und schon sind alle in der Umkleidekabine. Die Aufregung in der Umkleidekabine ist sichtbar: T-Shirts fliegen durch den Raum, Schuhe landen auf den Bänken und Sporthosen werden aus Spaß über den Kopf gezogen. „Bitte packt eure Anzieh-sachen in einen Spind." Der Betreuer versucht etwas Ordnung in die Gruppe zu bekommen.

„Das ist ja ein Riesenspind." Bevor jemand etwas sagen kann, kriecht Julian in den Spind Nummer 10. „Echt bequem hier", blödelt er herum. „Aber die sehen alle gleich aus", und krakelt dabei eine schwerleserliche 10 auf seinem linken Unterarm, damit er später seinen Spind wiedererkennt. Nach ein paar weiteren Minuten taucht die Mitarbeiterin der Füchse wieder auf. Diesmal mit einem Lächeln „So, jetzt gehen wir in die Halle und ihr könnt den Spielern beim Aufwärmen zuschauen. Aber bitte …"

„Leise sein – wissen wir doch, Frau, *Frau Füchse*", quatscht Tessa frech dazwischen und grinst. Plötzlich kichern alle Kinder los. „Ok, los geht's", flüstert *Frau Füchs*e und gibt Tessa beim Vorbeilaufen einen kleinen Klaps auf den Po.

Punkt 18:52 Uhr stehen alle Kinder in der Ecke der Gästemannschaft. Eigentlich wollten sie mit den Füchsen einlaufen, aber das hat heute nicht geklappt. Macht aber nichts. Das Licht geht aus und der Hallensprecher begrüßt die Gästemannschaft. „Willkommen in Berlin“. Jeder Gästespieler schnappt sich eine Kinderhand und läuft auf das Spielfeld. Stolz laufen alle Kinder die 25 Meter bis aufs Spielfeld und lächeln dabei. Von Aufregung keine Spur. Nach kurzem Winken setzen sie sich auf ihre Plätze in der 1. Reihe. Jetzt beginnt die Einlaufshow der Füchse. Bei der Füchse-Hymne singt Julian mit so laut er kann: „Füchse Berlin, Füchse Berlin. Hier ist unser Revier. Füchse Berlin. Hier ist unser Revier“.

FUCHSSCHLAUE ERMITTLUNGEN

Kapitel 11

„Ich frage mich, was an der Eintrittskarte so besonders ist, dass der Typ die zurückhaben will. Alles, was da drauf steht, ist DRUX.“ Julian und Tom sitzen einige Tage später zusammen in der Redaktion und grübeln. Julian kennt die Situation von seinen Hausaufgaben. Manchmal starrt er eine Aufgabe ganz lange an und weiß nicht, wie er anfangen soll. Meistens passiert das bei Deutschaufgaben und genauso geht es den beiden gerade.

„Julian, lass uns ein Spiel spielen“, schlägt Tom nach zehn langen Minuten vor. Julians Augenbrauen springen nach oben. „Jetzt? Wollen wir nicht das Geheimnis der Eintrittskarte lösen?“

„Ja, mit etwas Glück machen wir genau das. Bist du bereit?“ Julian hat ohnedies keinen Bock mehr, die dämliche Eintrittskarte weiter anzuschauen. „OK, was spielen wir? Schere, Stein, Papier?“

„Nein, wir klauen jetzt Fuchsi.“

„Was?“ Julian weiß nicht, ob er richtig hört, doch Tom erklärt es ihm. „Wenn ich bei einer Geschichte als Reporter nicht weiterkomme, dann versetze ich mich oft in die Person, über die ich schreiben will. Genau das machen wir jetzt. Wir sind jetzt die Fuchsikostüm-Diebe. Besser gesagt du!“ Julian ist hellauf begeistert. Einen Dieb zu spielen, das kann ja nicht so schwer sein. Hauptsache, er wird nicht geschnappt. „Also, ich bin jetzt der Dieb, ja?“

„Genau, du willst dir das Fuchsikostüm schnappen. Was machst du?“ Julian überlegt und spielt mit einem herumliegenden Bleistift. Ruhig zu sitzen, fällt ihm generell schwer, aber wenn er dabei auch noch nachdenken muss, ist es umso schwerer. Gar nicht so einfach, ein Dieb zu sein. Das Fuchsikostüm ist groß, schwer und jeder erkennt es. Er spielt verschiedene Ideen im Kopf durch, doch keine funktioniert richtig. Plötzlich hat er einen wirklich guten Einfall.

„Ich habs. Ich ziehe das Fuchsikostüm an und laufe einfach aus der Halle. Das Beste dabei ist: Niemand erkennt mich, ich steck ja in dem Kostüm.“ Tom findet die Idee richtig gut. Fuchsi läuft ja bei jedem Spiel durch den Fuchsbau, da fällt es sicher nicht auf, wenn er Richtung Ausgang läuft. „Echt guter Plan, Julian, nicht, dass du das Fuchsikostüm wirklich mal klaust oder ausborgst“, scherzt Tom. Julian freut sich, dass Tom die Idee gefällt. Tom spielt die Idee im Kopf Schritt für Schritt durch. Plötzlich verfinstert sich seine Miene. „Meinst du, die Sicherheitsleute lassen dich durch den Ausgang?"

„AHHH,

die habe ich ganz vergessen." Julian erinnert sich, was die Sicherheitsleute gesagt hatten, als er kürzlich die Halle betrat: *Hier geht nichts rein oder raus, ohne dass wir es kontrollieren.* „Ich glaube, es wird schwer, dass Fuchsikostüm aus der Halle zu bekommen, die Sicherheitsleute kontrollieren jeden einzelnen Zentimeter." Tom nickt. „Also, Meisterdieb Julian, das Fuchsikostüm bekommst du nicht aus der Halle raus, wie lautet dein Plan B?" Zur Überraschung von Tom hat Julian tatsächlich einen Plan B parat. „Ich könnte es verstecken. Irgendwo in der Halle. Die ist ja groß!" Julian breitet die Arme aus, um zu zeigen, wie groß die Halle ist. Die Idee klingt einleuchtend. Wenn man das Fuchsikostüm nicht *aus* der Halle bekommt, muss es eben *in* der Halle bleiben.

Tom fällt eine Bemalung an Julians Unterarm auf. „Was ist das denn für eine Krakelei auf deinem Unterarm?"

„Ach, das ist eine Spindnummer im Fuchsbau. Da habe ich meine Umkleidesachen beim Einlaufen verstaut. Ich wollte die Nummer nicht vergessen und habe sie mir einfach auf den Arm geschrieben." Tom greift sich an den Kopf. „Sag mal, wäre ein Spind nicht eine gute Versteckmöglichkeit für das Fuchsikostüm?"

„Na klar!" Julian erinnert sich, wieviel Platz er in seinem Spind hatte. „Da passt viel rein, aber ich glaub, es gibt echt viele Spinde im Fuchsbau." Beim Einlaufen hat „Frau Füchse" die Zahl der

J

Spinde genannt hat, aber an die genaue Zahl kann er sich nicht erinnern. Nur, dass es sehr viele Spinde waren. „Du hast dir doch die Spindnummer aufgeschrieben. Was wäre, wenn der Dieb das auch gemacht hat?“, spinnt Tom die Idee weiter. „Dann haben wir Pech gehabt“, antwortet Julian, ohne groß nachzudenken. Tom kratzt sich am Kopf. Das versteht er nicht und schaut Julian ratlos an. „Na, weil die Schrift nach einigen Tagen verblasst. Schau hier. Meine 10 ist kaum mehr zu lesen.“

Daran hat Tom nicht mehr gedacht. Das Verschwinden des Fuchsikostüms ist ja schon mehrere Wochen her. Selbst wenn sich der Dieb nicht waschen würde, wäre die Spindnummer mittlerweile nicht mehr lesbar. „Und was ist, wenn der Täter die Spindnummer nicht auf den Arm geschrieben hat, sondern auf …?“

„… den Popo?“ Julian kichert bei dem Gedanken. Auch Tom findet die Idee lustig. „Dann sind wir am Arsch“, sagt Tom und klatscht mit Julian grinsend ab. Julian findet es toll, mit Tom den Fall zu enträtseln. Normalerweise sind Erwachsene ernst, aber Tom ist richtig cool.

„Spaß beiseite, ich denke eher an die Eintrittskarte. Vielleicht hat der Dieb den Hinweis *darauf* geschrieben.“ Auf der Eintrittskarte findet sich jedoch keine Spindnummer, sondern nur der Name

d - r - u - x

„Meinst du etwa, das Fuchsikostüm ist im Spind von Paul Drux versteckt?“ Julian kann das nicht so richtig glauben. Das würde Paul Drux ja merken, wenn er sich im Fuchsbau umzieht. Und die Mitspieler auch. Außerdem ist die Spielerumkleide immer bewacht, da kann keiner einfach so rein und ein Kostüm verstecken. Schon gar nicht ein so großes Fuchsikostüm. Doch Tom bleibt stur und besteht darauf, die Spur zu Paul Drux verfolgen. „5. Reporterregel: *Folge den Beweisen.*“

SOCKEN IM SPIND?

Kapitel 12

„Jungs, ihr seid lustig!" Paul Drux lächelt, als er die beiden am Eingang des Fuchsbaus in Empfang nimmt. „In meinem Spind ist kein Fuchsikostüm, höchstens ein paar alte Socken. Kommt mit, ich zeigs euch." Gemeinsam gehen sie durch die Katakomben zu Pauls Kabine. Die Spielerkabinen liegen tatsächlich gleich neben den Kabinen für die Einlaufkinder. „Bitte schön, hier mein Spind."

Die beiden stehen direkt vor Pauls Spind und schauen hinein. Tatsächlich, kein Fuchsikostüm

weit und breit. Der Spind ist leer. Auch von alten Socken ist keine Spur. Vor dem Spind liegt Pauls Trikot für das Spiel später. „So, jetzt schmeiß ich euch aber raus. Wir spielen gleich EHF-Pokal und ich muss mich noch vorbereiten."
„Ja klar, wir bleiben in der Halle und feuern euch an."
„Super, dann achtet auf die Nummer 95. Ich versuch, ein paar schöne Tore zu werfen."
„Machen wir", sagen Tom und Julian wie aus einem Munde, während sie von Paul freundlich, aber bestimmt aus der Kabine geschoben werden. Diese schließt hinter ihnen mit einem lauten

RUMPS.

Julian kann sein Glück gar nicht fassen. Er stand eben in der Kabine der Füchse Berlin. Aber so besonders sieht die gar nicht aus. Es gibt Bänke

drux
DKB
95
FÜCHSE
BERLIN

und Spinde. Genau wie seine Umkleidekabine, wenn er Dienstags Handball spielt.

Auf dem Weg in die Halle bleibt Julian plötzlich stehen. „Was hat Paul gerade gesagt?“ „Na, dass wir verduften sollen, er muss sich auf das Spiel vorbereiten.“ Tom macht eine Wurfbewegung, um seine Aussage zu verstärken. „Nee, ich meine das danach.“ Julian schaut Tom ungeduldig an. „Dass er versucht, ein paar schöne Tore zu werfen?“
„Genau, und das mit der Nummer 95.“
„Und?“ Tom tappt im Dunkeln. „Was wäre, wenn *DRUX* nicht für den Spind von Paul Drux steht, sondern für den Spind mit der Nummer 95.“
„Gute Theorie.“ Tom denkt nach und sagt mit einem Augenzwinkern. „Dass das Fuchsikostüm in Pauls Spind ist, habe ich von Anfang an nicht geglaubt.“

„Cool, lass uns gleich nachschauen. Bis zum Spielanfang haben wir doch noch etwas Zeit, oder?", schlägt Julian vor. Gemeinsam laufen sie durch die Katakomben in Richtung Umkleiden. Da begegnet ihnen der Manager Bob. „Tom, was machst du denn schon so zeitig hier? Wir spielen doch erst in zwei Stunden."
„Du wirst es nicht glauben, Bob, wir haben eine heiße Spur zu eurem Fuchsikostüm." Bob schaut überrascht. Damit hat er nicht gerechnet. „Echt? Wo denn?"
„Bevor wir dir das erzählen, müssen wir wissen, wo sich der Spind mit der *Nummer 95* befindet." Bob schaut die beiden skeptisch an, blickt auf seine Uhr und lächelt. „Neeee, das sag ich euch nicht."

Jetzt sind sie so weit gekommen und Bob will ihnen nicht helfen? Im Fuchsbau gibt es über 500

Spinde. Ohne Bobs Hilfe suchen sie da tagelang. Bob grinst die beiden immer noch an. „Ich *sag* euch das nicht, ich *zeig* es euch. Wenn ihr schon eine heiße Spur habt, will ich mir das nicht entgehen lassen." Erwachsenenscherze, denkt sich Julian. Die kennt er von Papa.

Bob weiß genau, wo sie in den Katakomben hin müssen. Nach ein paar Kurven, Treppen und Türen und weiteren Kurven, Treppen und Türen stehen sie vor einem großen Umkleideraum. „So, hier sind alle Spinde mit der Nummer von 80 bis 100. Ich bin gespannt." Julian rennt in den leeren Raum und liest die Zahlen laut vor. „80-85-90-93-94"

„Warte, wir machen das gemeinsam", ruft ihm Tom hinterher. Sekunden später stehen alle drei zusammen vor dem Spind mit der Nummer 95. Sechs Augen sind auf den Spind gerichtet. Von außen ist nichts Ungewöhnliches zu erkennen. „Wir zählen zusammen bis drei und machen ihn dann auf.“, schlägt Julian vor. Die anderen nicken. Alle drei sind gespannt, was sie im Spind vorfinden. Vielleicht sind es nur alte Trainingssachen. „Eins, zwei, drei …“

QUIETSCH!

FÜCHSE-FAN IN VERDACHT

Kapitel 13

Die Spindtür öffnet sich und alle drei erstarren. Sie trauen ihren Augen nicht. Aus dem Spind schaut ihnen etwas Großes entgegen. Ein Kopf. Ein Fuchskopf. Der Fuchskopf. Das Fuchsikostüm!

Julian findet als Erster seine Sprache wieder. Doch außer einem kurzen „Fuchsi" bringt er nichts hervor. Sein Puls pocht schneller als normal. Die ganze Zeit hat er gehofft, Fuchsi zu finden, doch jetzt fehlen ihm vor Aufregung die

Worte. Sie haben es tatsächlich geschafft. Bob seufzt erleichtert. „Glückwunsch! Ihr habt unser Fuchsikostüm gefunden." Vorsichtig nimmt er es aus dem Spind. Es scheint voll funktionsfähig. „Wenn ich mich beeile, schafft es Fuchsi noch zum Spiel. Und für dich, Julian, denke ich mir auf alle Fälle was Tolles aus." Julian grinst über beide Ohren. Bob klatscht die beiden ab und läuft mit dem Fuchsikostüm unterm Arm los. Vor der Tür dreht er sich nochmal um und sagt mit fuchsroten Augen: „Der Typ, der diese Fuchsjagd verursacht hat, der soll mir mal in die Finger kommen ..."

Julian und Tom sitzen glücklich und zufrieden vor dem leeren Spind und atmen tief durch. So richtig können sie es nicht glauben. Vor wenigen Minuten haben sie das Rätsel gelöst. Fuchsi ist wieder da und wird gleich beim Spiel auftreten. Zusammen sind sie ein richtig gutes Team. Doch

Toms Reporterinstinkt sagt ihm, dass ihre Mission noch nicht zu Ende ist. „Julian, die 6. und wichtigste Reporterregel lautet: *Wer und warum?* Wir müssen herausfinden, wer der Dieb ist und warum er das gemacht hat.“ Julian ist tief beeindruckt, wie viele verschiedene Reporterregeln es gibt. Reporter ist ein echt anstrengender Beruf bei so vielen Regeln. Vielleicht ist das dann doch nichts für ihn, später einmal.

„Ich glaube, er ist ein Füchse-Fan“, sagt Tom plötzlich. Julian schaut ziemlich verwirrt und runzelt die Stirn. Ob es Tom gut geht? „Klar ist Bob ein Füchse-Fan. Er ist doch der Manager.“ Tom schaut Julian mit großen Augen an und prustet los. „Nee, ich mein nicht Bob, sondern den unfreundlichen Kauz, der Fuchsi im Spind versteckt hat.“ Julian versteht nur Bahnhof. Dass ein Füchse-Fan das Fuchsikostüm versteckt, kann er sich beim besten Willen nicht vorstellen. „Das macht doch kein Fan. Schon gar nicht ein Füchse-Fan."

Tom erklärt Julian seine Gedanken. „Die Eintrittskarte mit dem Hinweis zu dem Spind hat uns zum Fuchsikostüm geführt. Das heißt, der Typ, der die Eintrittskarte verloren hat, ist der Dieb." Julian nickt. Das scheint ihm logisch. „Aber weshalb ist er denn gleich ein Füchse-Fan?" Tom hat diese Frage erwartet. Zum Glück hat er ein gutes Gedächtnis. „Als wir den Typ am Telefon fragten, wie das Füchse Spiel war, sagte er. *Das Spiel, ja, das war wie immer super.*" Julian entdeckt sofort, wie sich der Typ verraten hat. Die letzten Tage mit Tom haben seine Sinne geschärft. „*Wie immer*. Er hat *wie immer* gesagt. Das sagt nur jemand, der regelmäßig bei den Füchsen ist und ein Fan ist." Tom ist mächtig stolz, wie schnell

Julian gelernt hat. Vielleicht sollten sie ab jetzt öfters zusammenarbeiten. „Ich rufe den Typen einfach mal an. Mal sehen, was er sagt", schlägt Tom vor und holt sein Handy raus. Tom hofft, dass der Mann diesmal etwas freundlicher ist.

Nach der Begrüßung schaltet er das Handy auf Lautsprecher, sodass Julian mithören kann. „Wir haben Ihre Eintrittskarte gefunden", sagt Tom. Auf der anderen Seite der Leitung hört man die Erleichterung. Eine überaus freundliche Stimme antwortet „Vielen, vielen Dank. Wann kann ich sie abholen?" Tom gibt Julian ein Zeichen, dass er jetzt besonders gut zuhören soll. „Nicht so schnell. Wir haben auch Fuchsi gefunden." Plötzlich wird es still in der Leitung

ÄHH, MMM, ÄHH

Tom lässt nicht locker. „Wir wissen, dass Sie

Fuchsi im Spind mit der Nummer 95 versteckt haben."

ÄHH, MMM, ÄHH

kommt es ein zweites Mal aus der Leitung. Tom hat den Typ komplett überrumpelt. „Wenn Sie nicht auf der Stelle die Wahrheit sagen, holen wir die Polizei." Da hören die beiden plötzlich ein lautes Seufzen. „Es tut mir leid. Es tut mir so leid. Bitte keine Polizei. Ich wollte doch nur mal das Fuchsikostüm tragen." Julian traut seinen Ohren nicht. Der Typ hat soeben zugegeben, dass er das Fuchsikostüm geklaut hat. „Wisst ihr, ich bin eigentlich froh, dass ihr Fuchsi gefunden habt. Ich bin ja ein Füchse-Fan." Tom schüttelt den Kopf „Als Fan versteckt man doch nicht das Maskottchen!" So leicht lässt er den Typen nicht davonkommen. „Ich weiß, ich weiß. Es ist nur so. Ich bin seit 10 Jahren Füchse-Fan und habe mich

drei Mal bei den Füchsen beworben, um Fuchsi zu sein. Und jedes Mal wurde ich abgelehnt."
Wow, denkt Julian. Er muss schon ein echt großer Fan sein, wenn er sich drei Mal beworben hat.
„Als ich bei einem Spiel gesehen habe, wie das Fuchsikostüm in die Kiste gepackt wurde, hab ich es mir einfach geschnappt", erzählt der Typ weiter. Tom hat ein sogar ein ganz klein wenig Verständnis für den Typ. „Aber Sie wissen schon, dass Sie eine Menge Ärger verursacht haben, oder?"
„Ich weiß. Es tut mir sehr, sehr leid. Ich wollte das Kostüm ja gar nicht klauen. Als die Sicherheitsleute herumliefen, hab ich es vor Schreck in einen Spind gepackt. Ich wollte es doch nur einmal tragen. Kann ich es irgendwie wieder gut machen?"
„Kommen Sie am besten nächste Woche in die Redaktion. Dann reden wir gemeinsam mit Bob.

Ich versuche ein gutes Wort für Sie einzulegen."
„Ok, mach ich. Tausend Dank."
„Schon ok, aber versprechen kann ich nichts ..."
Beide legen auf.

„Cool, jetzt wissen wir auch wer es war und warum", fasst Julian das Telefongespräch zusammen. Tom nickt zustimmend. „Ja, ich glaube, unsere Detektivmission ist jetzt wirklich zu Ende." Die beiden machen sich auf den Weg zum Spiel. Julian sitzt Minuten später neben Papa im Fuchsbau. Er kann immer noch nicht fassen, dass das Fuchsikostüm wieder da ist und sie den Dieb gefunden haben. Gleich beginnt das Spiel und Fuchsi wird auftreten. Davon hat er Papa aber nichts erzählt. Es soll eine Überraschung sein. Mal schauen, wie Papa reagiert. In seinem Bauch kribbelt es ganz doll. Das passiert immer, wenn er etwas verheimlicht.

„Steht auf, wenn ihr Füchse seid“, schallt es aus den Lautsprechern. Das Füchse-Lied beginnt und über 15.000 Arme im Fuchsbau klatschen. „Füchse Berlin, Ohohoho, Füchse Berlin“ – und da kommt Fuchsi aufs Spielfeld gelaufen. Julians Papa schaut überrascht zu Julian rüber. Der aber grinst nur und genießt den Augenblick.

DREI KUGELN EIS UND EINE ÜBERRASCHUNG

Kapitel 14

Eine Woche später sitzen Julian und Papa in der Eisdiele an der Ecke. Gemeinsam schauen die beiden auf den Artikel zum Spiel. „Furiose Füchse siegen haushoch. Geschrieben von Sportreporter Tom Beyer und Julian." Tom hat sein Wort gehalten und Julian als Autor erwähnt. Neben dem Artikel ist auch ein Bild von Fuchsi abgebildet, wie er gemeinsam mit den Fans die Spieler anfeuert. Diesmal hat der Chefredakteur nicht geschummelt. Auf dem Foto sind nicht irgendwelche Fans zu sehen, sondern Julian und Papa. Das ist der Dank vom Chefredakteur für Julians große Hilfe bei der Lösung des Falls. Papa schaut Julian nachdenklich an und macht ein zufriedenes Gesicht. „Das ist ein ganz schön großes Abenteuer. Ich bin mächtig stolz auf dich – mein toller Detektiv!" Julian errötet ein wenig. Komplimente sind ihm irgendwie unangenehm. „Ohne Tom hätte ich das aber nicht geschafft", fügt er hinzu.

„Wisst ihr eigentlich, wer den ganzen Trubel um Fuchsi verursacht hat und wieso?", fragt Papa interessiert. Davon hatte er im Artikel nichts gelesen. „Ja, wir haben den Dieb erwischt. Zuerst dachten wir, er will das Fuchsikostüm verkaufen, um damit Geld zu machen." Julian erzählt in allen Einzelheiten, wie sie den Fall gelöst haben.

Dass das Fuchsikostüm im Spind mit der Nummer 95 im Fuchsbau versteckt war und dass die Spindnummer auf einer Eintrittskarte stand. „Damit keiner Verdacht schöpft, hat der Dieb allerdings nicht die Spindnummer draufgeschrieben, sondern den Spielernamen *DRUX*."

„Nicht ganz doof", nickt Papa anerkennend. Dass Paul Drux die Rückennummer 95 hat, weiß er natürlich. Julian greift sich an den Kopf. „Aber auch nicht sehr clever, der Typ. Nachdem er das Fuchsikostüm versteckt hat, wollte er sich nochmal vergewissern, dass er keine Spuren hinterlassen hat. Ausgerechnet da ist ihm die Eintrittskarte aus der Jacke gefallen und wir haben sie gefunden. Zum Glück."

„Da habt ihr wirklich ein bisschen Glück gehabt. Und wollte der Typ das Kostüm tatsächlich verkaufen?"

„Neee, Papa. Da kommst du nie drauf." Julians

Papa spitzt die Ohren. „Der Typ ist eigentlich ein totaler Füchse-Fan. Er hatte sich drei Mal bei den Füchsen als Fuchsi beworben, wurde aber jedes Mal abgelehnt. Als er bei einem Spiel im Fuchsbau war, sah er die Kiste mit dem Fuchsikostüm. Und da hat er sich das Fuchsikostüm einfach geschnappt. Er wollte eben auch mal Fuchsi sein." Traurige Geschichte, denkt sich Papa, den Diebstahl findet er natürlich nicht in Ordnung.

„Als Strafe säubert er jetzt für den Rest der Saison den Fuchsbau nach den Heimspielen." Julian weiß, wie chaotisch es nach den Heimspielen im Fuchsbau aussieht. Da liegen Klatschpappen auf den Sitzen, Getränkebecher auf dem Boden und alles, was die Zuschauer so hinterlassen, muss eingesammelt werden. Das Aufräumen dauert Stunden.

Verlegen studiert Julian die Eiskarte. „Weißt du, was das Beste ist, Papa?“ Der wirft einen kurzen Blick auf die Eiskarte. „Ich denke mal, der Erdbeereisbecher. Der ist immer super.“

„LOL,

nein Papa. Ich darf jetzt jedes Füchse-Heimspiel umsonst besuchen, und du oder Mami dürfen mit.“ Das hat Julians Papa fast vergessen. Gestern kam ein Brief von den Füchsen Berlin. Als Dank für Julians Unterstützung bekommt er zwei Dauerkarten für die ganze Saison. Natürlich beste Sicht in Block K. Julian war ganz aus dem Häuschen, als sie den Brief aufmachten. Der Brief war aber noch nicht alles.

Vor Julian steht ein Rieseneisbecher, gefüllt mit drei verschiedenen Sorten Eis, dazu Sahne, Schokoladensoße und Erdbeeren. Das Glas ist so groß, dass der Löffel kaum bis zum Boden reicht. Als Julian den ersten Löffel in den Mund steckt, ruft es von hinten: „Ist bei dir noch ein Platz frei?" Julian dreht sich um und sieht Fabi Wiede, seinen Lieblingsspieler. In der einen Hand hält er einen Eisbecher und in der anderen Hand einen Löffel. „Lecker, oder?" Julian grinst über beide Ohren und fängt an, sein Eis zu schaufeln…

3

SPRÜCHE DER FÜCHSE BERLIN

„Ene, mene, muh – und raus bist du"

Ein Gegenspieler bekommt eine Zwei-Minuten-Strafe

„Der Hans, der Hans, der Hans der kanns!"

Hans Lindberg wirft ein Tor

„Füchse Berlin. Hier ist unser Revier"

Füchse Song von der Band Bollmer

„Steht auf, wenn ihr Füchse seid"

Fans feuern die Füchse an

LIEBER JULIAN

oder Wie dieses Buch entstand

Der 10. Geburtstag ist etwas ganz Besonderes. So entstand die Idee dir ein ganz besonderes Geschenk zu machen. Sicher freust du dich über die neue Spielkonsole, aber in zwei, spätestens drei Jahren landet die Spielkonsole von heute als Elektroschrott von morgen auf dem Wertstoffhandel von Titus Jonas. Etwas Persönliches muss her. Etwas, das bleibt.

Wie wäre es mit einem Buch? Du findest die Idee toll. Gesagt. Getan. Den „Businesskasper" hänge ich an die Garderobe. Den Autorenhut setze ich auf. Ich schreibe ein Buch. Für Dich. Für mich.

Lieber Julian, merke dir, das Leben ist verrückt. Wie eine Achterbahn, mal auf, mal ab. Bauch oder Kopf? Mark Forster weiß es nicht. Ich auch nicht. Doch jede einzelne Idee - egal wie verrückt sie klingt - ist es Wert, sie auszuprobieren. Egal, was die Leute um dich herum sagen. Lass dich nie entmutigen. Mach, was dir Spaß macht. Folge deinem Kopf, deinen Träumen und deinem Bauch (und wenn du freie Bahn hast, nimm den Wurf). Egal was es ist, ich bin immer an deiner Seite.

Alles Gute zum 10. Geburtstag!

Dein Papa

Geschrieben in Berlin, auf Anna Maria Island & beim regelmäßigen Frühstück bei Frau Lüske.

DIE FRAU MIT DEM ROTSTIFT

Wer mit Büchern zu tun hat und vor allem an deren Entstehung beteiligt ist, weiß: Bücher fallen nicht vom Himmel, auch wenn sie oftmals ein Geschenk dessen sind.

So wie auch im vorliegenden Fall, in dem ein Vater eine Geschichte für seinen Sohn aufschrieb und ihm damit ein ganz besonderes Geschenk zu diesem speziellen Geburtstag macht, darüber hinaus aber sicher auch für das Leben überhaupt machen wird.

Ein solches Buch zu betreuen ist eine wunderbare Sache, überhaupt wenn sie von so viel Enthusiasmus und Liebe zu dem Kind, aber auch zu dem Thema und Inhalt getragen wird. Oberstes Gebot dabei ist neben aller Leidenschaft natürlich die Professionalität und das gemeinsame Ziel, ein möglichst perfektes Buch zu produzieren. All die vielen kleinen Zwischenschritte, die kleinen und großen Fehler, sollen am Ende nicht mehr sichtbar sein – erst dann ist das Buch perfekt. Der Weg ist das Ziel, und er ist oftmals steinig, aber immer lohnend.

Viel Freude bei der Lektüre allen großen Leserinnen und kleinen Lesern, verbunden mit dem Wunsch zur Nachahmung!

Danke an Alexander Heil für die Zusammenarbeit an einem sehr schönen Projekt.

Natalie Tornai

www.tornai.de

DIE SPRACHE DES DESIGNS

Seit 2007 betreue ich als Grafik-Designer Kunden aus der ganzen Welt. Einer der Aspekte, den ich an meiner freiberuflichen Arbeit schätze, ist, dass ich immer wieder neue Projekte und Menschen kennen lernen und Teil ihrer Geschichte werden darf, so auch hier.

Als Familienvater und selbst Autor zweier Kinderbücher war es für mich ein großes Vorrecht, an diesem Buch gestalterisch mitwirken zu dürfen. Wenn die mit viel Liebe und Zeit verfasste Geschichte in Buchform gebracht wird, spielt das Design eine tragende Rolle dabei, wie gut die Wörter aufgenommen und gelesen werden können. Daher zeichnet sich ein gutes Buchdesign auch dadurch aus, dass es ohne aufzufallen den Leser durch gute und angenehme Lesbarkeit unterstützt und so seinen Teil zur Geschichte beiträgt.

Vielen Dank auch an dieser Stelle nochmal an Alexander für die gute Zusammenarbeit.

M. Florian Walz

mfw-design.com | instgram.com/mfw_design

TANZT DIE FEDER MIT DEM BLEISTIFT

Christine Gebreyes, geboren und aufgewachsen in Stralsund, erhielt schon als Kind professionellen Zeichenunterricht im Rahmen des staatlichen Förderprogramms. Nach dem Abitur zog sie nach Berlin und reiste bald darauf für 18 Monate durch Ghana, Indien und Ecuador. Anschließend studierte sie Malerei, Zeichnen und Bühnenbild an der Etage Berlin und arbeitete in einigen Theaterproduktionen. Es folgte ein Studium der audio-visuellen und verbalen Kommunikation an der Universität der Künste Berlin. Nach Studienabschluss arbeitete sie freiberuflich als Illustratorin und Texterin. Daneben absolvierte sie ein Studium zur

Fachjournalistin an der FJS. Seit 6 Jahren ist sie als Schnellzeichnerin deutschlandweit unterwegs und unterhält mit witzigen Porträtkarikaturen die Gäste auf diversen Events und Veranstaltungen. Gelegentlich gibt sie Zeichenkurse auf Kreuzfahrtschiffen.

www.gebreyes.de

www.schnellzeichnen-berlin.de

PLATZ FÜR DEINE AUTOGRAMME